Croesi'r Ffordd

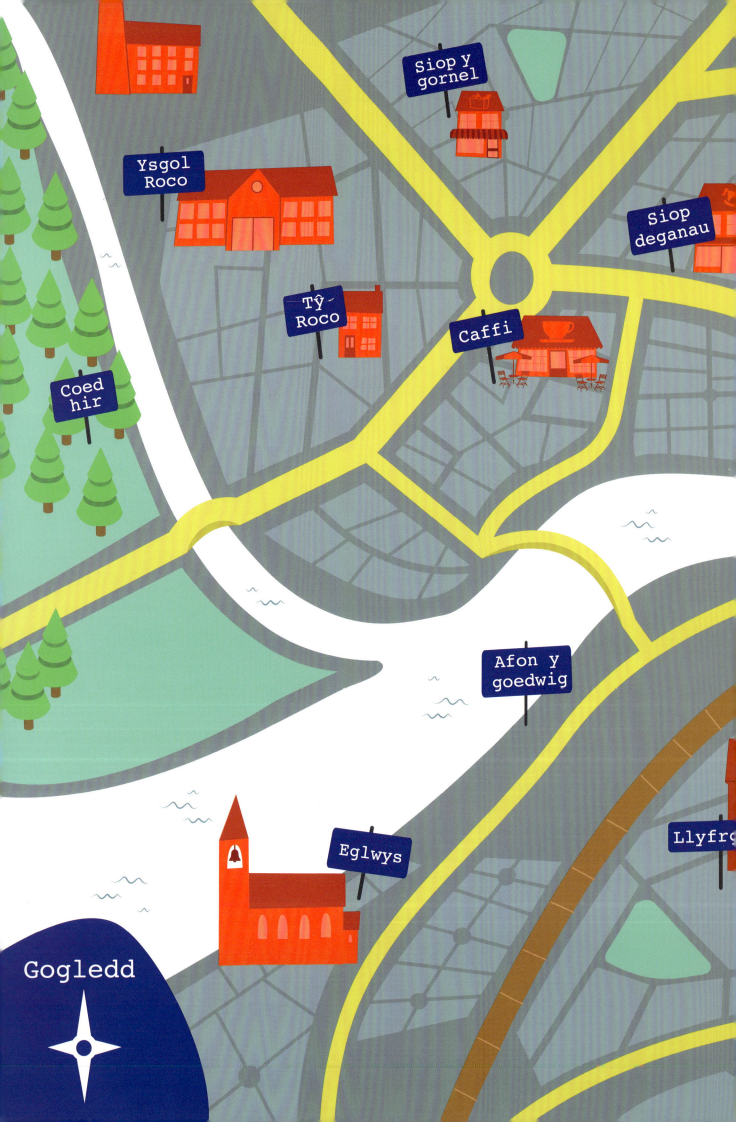

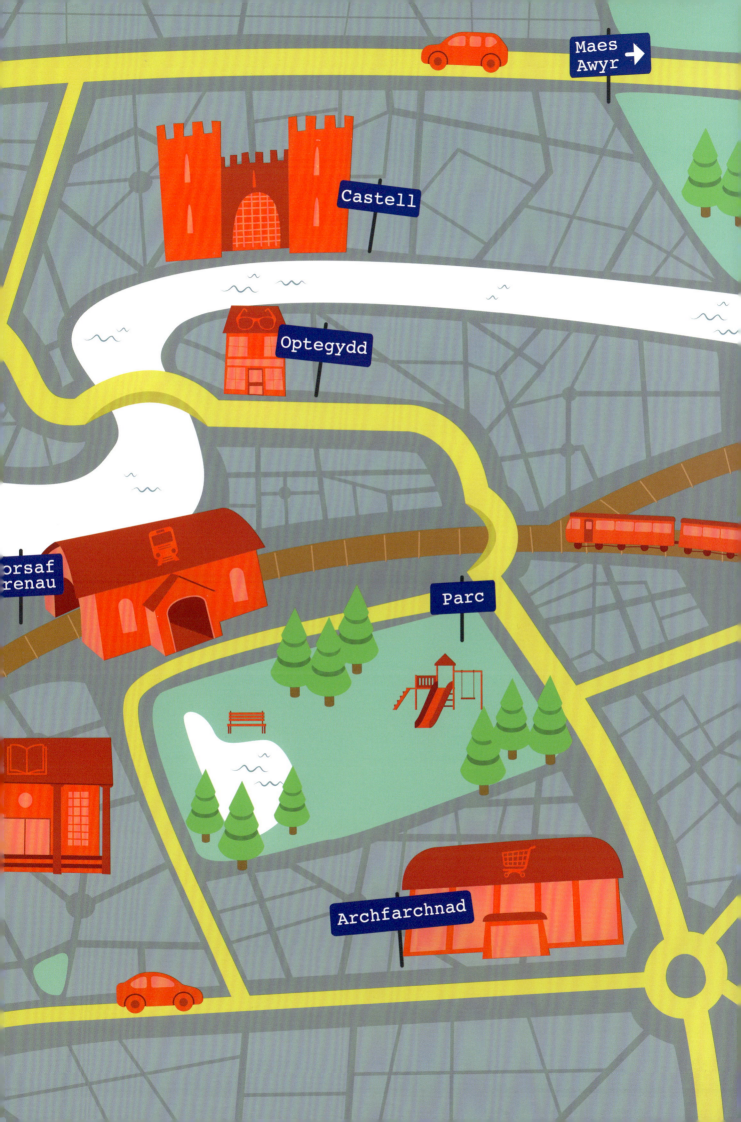

Wyt ti eisiau croesi'r ffordd?

Beth am wneud gyda'n gilydd?

5

Gafaelwch yn llaw rhywun i fod yn saff.

Chwiliwch am groesfan. Dyna'r ffordd orau.

Os nad oes croesfan ar gael, chwiliwch am le heb geir wedi'u parcio.

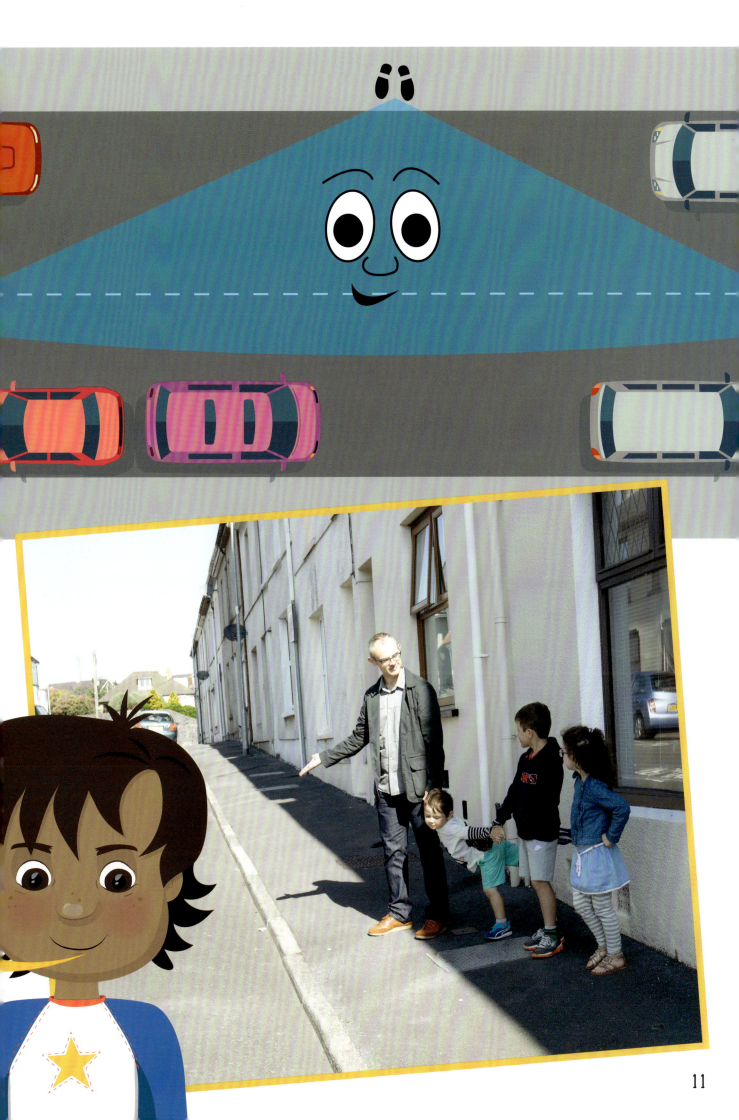

Edrychwch i'r dde, i'r chwith ac i'r dde eto.

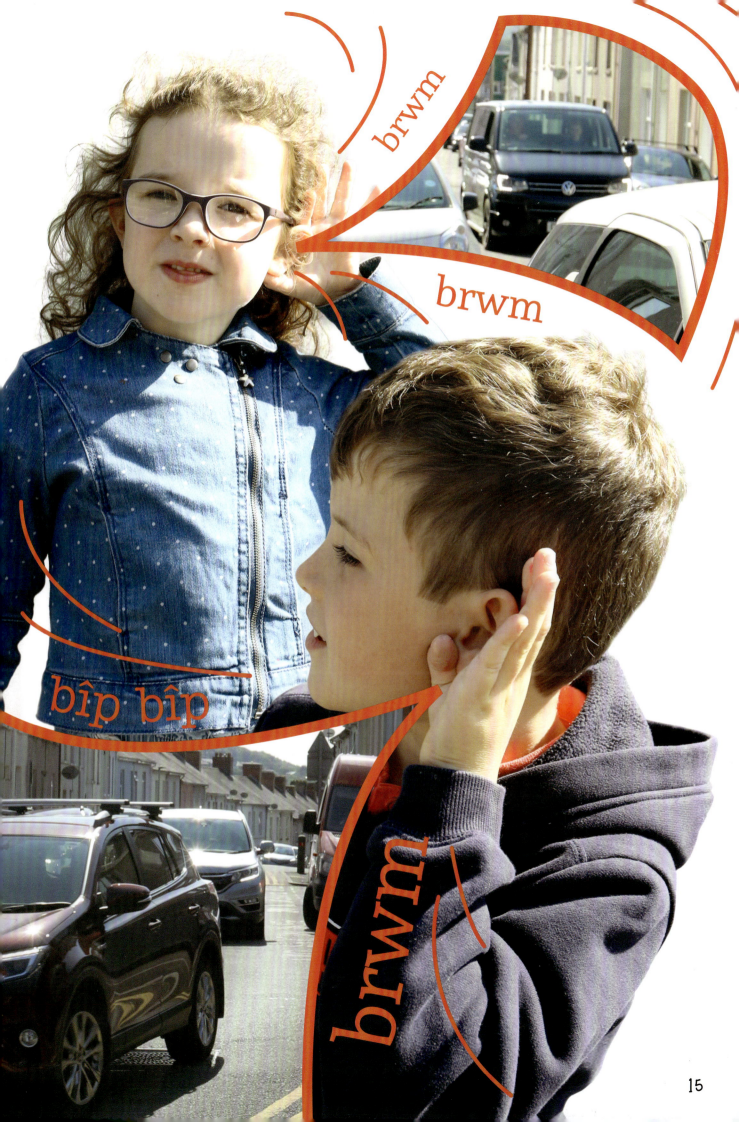

brwm

brwm

bîp bîp

brwm

15

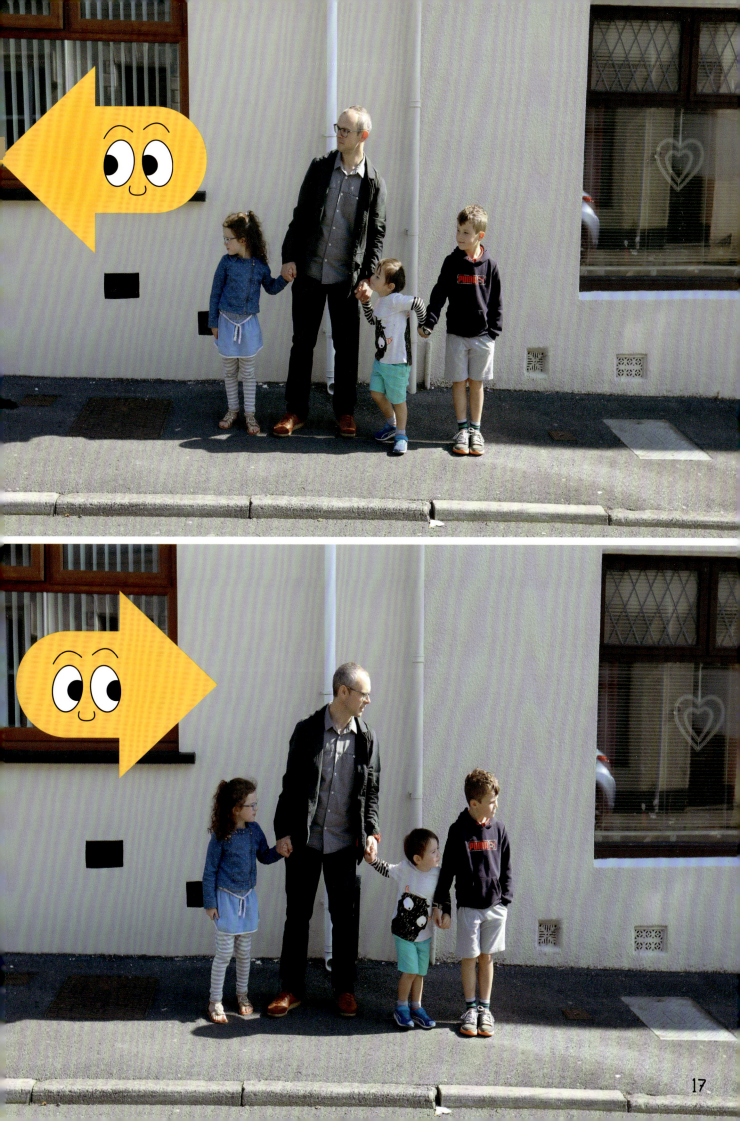

Hwrê! Rydyn ni wedi cyrraedd yn saff!

20

1 Meddyliwch

Ydy hwn yn lle diogel i groesi'r ffordd?

2 Stopiwch

Stopiwch mewn man diogel, oddi ar y ffordd.

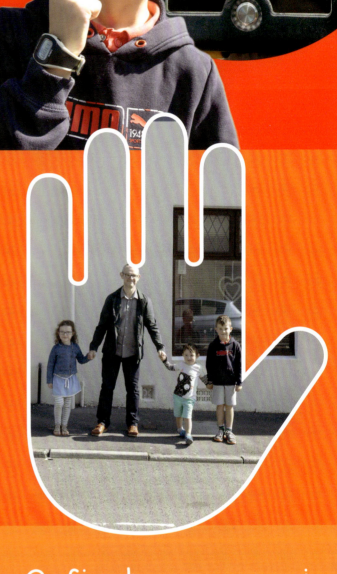

3 Edrychwch

Cofiwch, cyn croesi, edrychwch i'r ddau gyfeiriad.